KB209649

국어
교과서
따라쓰기

2-2

스쿨존에듀
SCHOOLZONE

공부습관 잡기, 교과서와 친해지자!

초등학교 저학년 때는 공부습관을 만드는 게 필요합니다. 먼저 엉덩이를 의자에 붙이고 바르게 앉는 법부터 배웁니다. 짧은 시간이어도 괜찮습니다. 집중해서 쓰고 읽고 생각하는 시간을 매일 일정하게 갖게 하세요. 특히 유아 때부터 스마트폰에 익숙하여 손힘이 약한 요즘 어린이들에겐 써보는 연습이 필요합니다. 쓰기 위해서는 책상 앞에 앉아야 하니 공부하는 습관도 길러지겠지요.

초등학교 저학년에서 쓰기를 연습하는 데 국어 교과서는 참 좋은 교재랍니다. 듣기, 말하기, 읽기, 쓰기, 문법, 작품감상까지 망라돼 있습니다. 얇은 교과서 안에 그 많은 게 다 들어가 있나 싶겠지만 영역별로 골고루 배울 수 있게 돼 있습니다. 해당 학년에서 꼭 알아야 할 성취 기준에 맞춰 집필되었으니까요.

이 책은 2024년부터 시행된 개정 교육과정에 따른 국어 2-2(가·나), 국어활동 교과서를 충분히 소화할 수 있게 만들었습니다. 먼저 큰 소리로 읽고 한 자 한 자 또박또박 쓸 수 있게 지도해 주세요. 손힘도 키우고, 글자도 익히고, 낱말도 배우고, 문장도 익혀 글을 읽는 재미를 한층 더 느끼게 해줍니다.

책의 구성

먼저, 연필 바로 잡는 법, 책상에 바르게 앉는 법, 자음·모음을 배우고, 글자 쓰기를 배웁니다. 그다음, 교과서 각 단원에 나오는 꼭 알아야 할 낱말(명사, 동사, 의성어, 의태어 등)과 맞춤법, 문장(그림 동화, 동시 등)을 따라 써볼 수 있게 하였습니다. 사이사이 재밌게 놀며 배우는 놀이터도 있습니다. 순서에 따라 한 자 한 자 힘 있게 써 나가다 보면 인내심과 집중력이 생기고 예쁜 글씨체까지 만들어진답니다. <국어 교과서 따라쓰기>를 마스터하여 학교생활을 더 자신 있게 할 수 있게 도와주세요!

콘텐츠연구소 수(秀)

차례

바른 자세 예쁜 글씨 ⋯⋯⋯⋯⋯⋯ 4
놀이터 겪은 이야기를 써 보세요 ⋯⋯⋯⋯ 14

1단원 장면을 상상하며 ⋯⋯⋯⋯ 15
놀이터 낱말을 골라 써 보세요 ⋯⋯⋯⋯ 26

2단원 서로 존중해요 ⋯⋯⋯⋯ 27
놀이터 맞게 쓴 문장을 찾아 보세요 ⋯⋯⋯⋯ 36

3단원 내용을 살펴요 ⋯⋯⋯⋯ 37
놀이터 반쪽을 찾아 연결해 보세요 ⋯⋯⋯⋯ 46

4단원 마음을 전해요 ⋯⋯⋯⋯ 47
놀이터 편지를 써 보세요 ⋯⋯⋯⋯ 58

5단원 바른 말로 이야기 나누어요 ⋯⋯⋯⋯ 59
놀이터 문장을 완성해 보세요 ⋯⋯⋯⋯ 70

6단원 매체를 경험해요 ⋯⋯⋯⋯ 71
놀이터 숫자를 세어서 적어 보세요 ⋯⋯⋯⋯ 78

7단원 내 생각은 이래요 ⋯⋯⋯⋯ 79
놀이터 틀린그림찾기 ⋯⋯⋯⋯ 90

8단원 나도 작가 ⋯⋯⋯⋯ 91
놀이터 같은 것을 찾아 연결해 보세요 ⋯⋯⋯⋯ 102

글씨를 쓸 때 바른 자세에 대해 알아봅시다

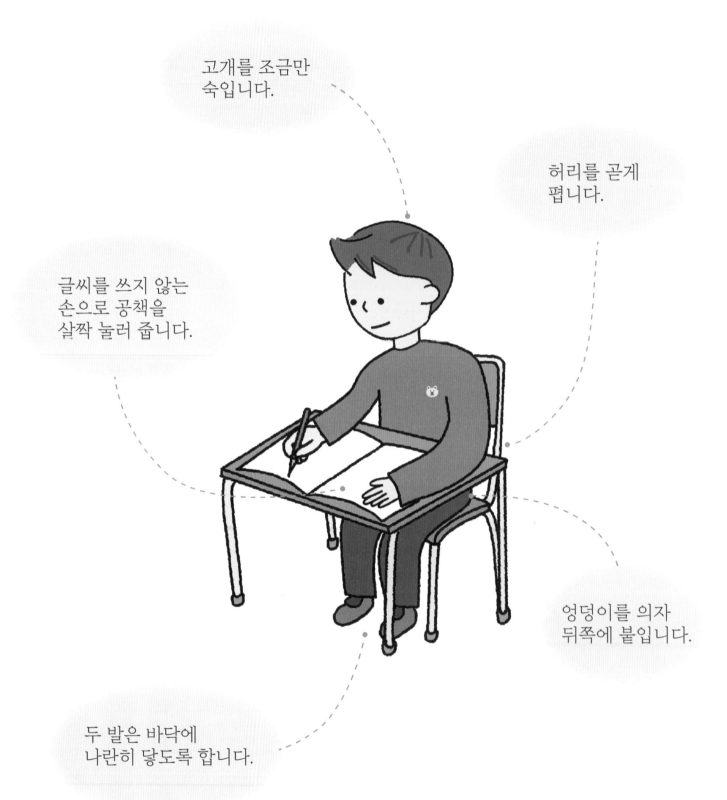

 # 나쁜 자세는 안돼요

▶ 의자 끝에 엉덩이를 걸치는 친구들 있지요?
반쯤 감긴 눈 엉거주춤한 자세는 바른 글쓰기의
적이랍니다.

▲ 턱을 괴면 잠이 쏟아진답니다.
여기에 다리까지 흔들면 글씨도
따라서 춤을 추겠지요?

▲ 와우~ 다리를 꼬셨네요!
다리를 꼬지 마세요.
온 신경이 발끝에 쏠리는 것 같아요.

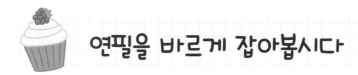 연필을 바르게 잡아봅시다

엄지손가락과 집게손가락의 모양을 둥글게
하여 연필을 잡습니다.

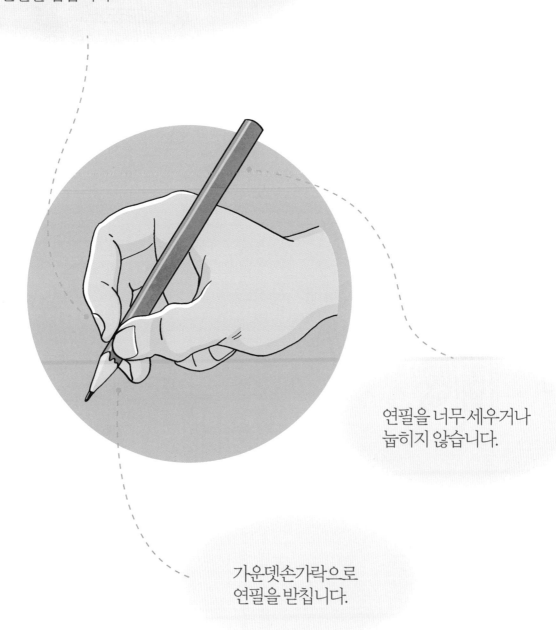

연필을 너무 세우거나
눕히지 않습니다.

가운뎃손가락으로
연필을 받칩니다.

습관이 잘못 들면 고치기 힘들어요!

이렇게 쥐면 손가락이 아파요.
글씨를 오랫동안 쓰지 못하게 돼요.

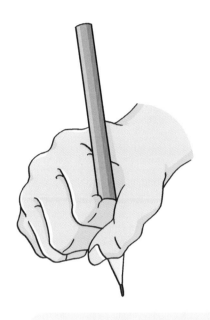

주먹을 불끈 쥐었네요.
몇 자 쓰지 않아 연필이
부러질 것 같아요.

손가락 사이가 너무 벌어졌어요.
연필이 흘러내릴 것 같아요.
당연히 글씨에 힘이 없겠죠?

자음을 바르게 써 보세요

 순서에 맞게 자음을 따라 써 보세요.

ㄱ	기역	ㄱ ㄱ						
ㄴ	니은	ㄴ ㄴ						
ㄷ	디귿	ㄷ ㄷ						
ㄹ	리을	ㄹ ㄹ						
ㅁ	미음	ㅁ ㅁ						
ㅂ	비읍	ㅂ ㅂ						
ㅅ	시옷	ㅅ ㅅ						
ㅇ	이응	ㅇ ㅇ						
ㅈ	지읒	ㅈ ㅈ						
ㅊ	치읓	ㅊ ㅊ						
ㅋ	키읔	ㅋ ㅋ						
ㅌ	티읕	ㅌ ㅌ						
ㅍ	피읖	ㅍ ㅍ						
ㅎ	히읗	ㅎ ㅎ						

모음을 바르게 써 보세요

 순서에 맞게 모음을 따라 써 보세요.

자음과 모음이 만나면 글자가 되어요

	ㅏ	ㅑ	ㅓ	ㅕ	ㅗ	ㅛ	ㅜ	ㅠ	ㅡ	ㅣ
ㄱ										
ㄴ										
ㄷ										
ㄹ										
ㅁ										
ㅂ										
ㅅ										
ㅇ										
ㅈ										
ㅊ										
ㅋ										
ㅌ										
ㅍ										
ㅎ										

	ㅏ	ㅑ	ㅓ	ㅕ	ㅗ	ㅛ	ㅜ	ㅠ	ㅡ	ㅣ
ㄱ										
ㄴ										
ㄷ										
ㄹ										
ㅁ										
ㅂ										
ㅅ										
ㅇ										
ㅈ										
ㅊ										
ㅋ										
ㅌ										
ㅍ										
ㅎ										

	ㅏ	ㅑ	ㅓ	ㅕ	ㅗ	ㅛ	ㅜ	ㅠ	ㅡ	ㅣ
ㄲ										
ㄸ										
ㅃ										
ㅆ										
ㅉ										

한글의 모양을 익혀 보세요

 ㅏ, ㅑ, ㅓ, ㅕ, ㅣ 와 합쳐진 글자는 ◁ 모양에 맞춰 써야 해요.

마 야 더 벼 히

 ㅗ, ㅛ, ㅡ 와 합쳐진 글자는 △ 모양에 맞춰 써야 해요.

모 교 도 요 크

 ㅜ, ㅠ와 합쳐진 글자, 받침에 자음이 들어간 글자는 ◇ 모양에 맞춰 써야 해요.

무 두 부 규 응

놀이터

 지난 여름을 떠올리며 물놀이와 관련하여 겪은 이야기를 써 보세요.

1 낱말을 따라 써 보세요

 장면을 상상하며 낱말을 따라 써 보세요.

이	리	저	리

여	기	저	기

이	러	지	도

저	러	지	도

속	삭	이	듯

숨	바	꼭	질

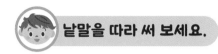 낱말을 따라 써 보세요.

가끔씩 　가냘픈 　가득히

가만히 　가볍게 　간지럼

골똘히 　곰곰이 　골탕

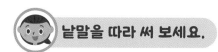
낱말을 따라 써 보세요.

급	식

난	장	판

깃	털

낱말을 따라 써 보세요.

가	지	런	히

보	관

금	세

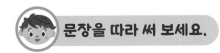 문장을 따라 써 보세요.

그때 커다란 두꺼비가

엉금엉금 기어 오더니

눈처럼 하얗고 예쁜 집

귀고리가 반짝이는걸,

1 낱말을 따라 써 보세요

 낱말을 따라 써 보세요.

동전

낭송

단짝

 낱말을 따라 써 보세요.

궁시렁궁시렁

대체

 낱말을 따라 써 보세요.

구 석 구 석

꼬 물 꼬 물

뒤 꽁 무 니

들 이 받 으 며

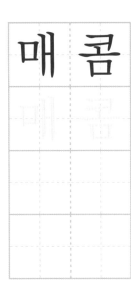 달 콤  매 콤 멀 쩡 한

낱말을 따라 써 보세요.

몽	당	연	필

분	수	대

낱말을 따라 써 보세요.

며	칠

밤	새

못	된

몸	집

 낱말을 따라 써 보세요.

무	럭	무	럭

빙	글	빙	글

산	들	바	람

살	랑	살	랑

뽀	얗	게

삐	거	덕

소	동

낱말을 따라 써 보세요.

콧 잔 등

어 항

장 대 비

서 예

헬 리 콥 터

화 분

1 문장을 따라 써 보세요

<엉뚱한 수리점>에 나오는 문장을 따라 써 보세요.

빗	자	루	를		타	고		구	름		위

를		훨	훨		날	아		보	고		싶

거	든	요	.	창	문		밖		수	리	점

을		보	면	서		생	각	했	어	요	.

절	대		고	치	지		않	을		거	야	.

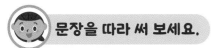 문장을 따라 써 보세요.

쉿! 조용히 해 주겠니?

장대비에 쓰러질까 봐

뽀얗게 먼지 뒤집어쓴

이리저리 깊이 생각하며

금세 미소를 띨 거예요.

 빈칸에 들어갈 알맞은 낱말을 보기에서 골라 써 보세요.

보기

인내심 : 괴로움이나 어려움을 참고 견디는 마음
길들이며 : 어떤 일에 익숙하게 하다.
아낌없이 : 주거나 쓰는 데 아까워하는 마음이 없이
자유롭게 : 구속이나 속박 따위가 없이 제 마음대로 할 수 있다.

🐯 물고기 아이를 행복하게 하려면 _____이 필요해요.

🐰 토끼 아이를 행복하게 하려면 _____ 뛰어놀 수 있는 공간을 마련해 주세요.

🐵 원숭이 아이를 행복하게 하려면 꼭 잡을 수 있는 손과 마음을 _____ 주세요.

🐮 황소 아이를 행복하게 하려면 아이 안에 있는 황소를 _____ 함께 놀아 주세요.

낱말을 따라 써 보세요.

고 운 말　고 칠 점　공 감

공 동 체　관 계　골 고 루

깜 빡　깜 짝　까 불 이

 문장을 따라 써 보세요.

넌 느려서 정말 답답해!

정말 달리기를 잘하더라.

춤을 금방 따라하는

우아, 쉬는 시간이다!

오! 좋은 생각이야.

2 낱말을 따라 써 보세요

 낱말을 따라 써 보세요.

느림보

두발자전거

 낱말을 따라 써 보세요.

꾸준히

날마다

덕분에

2 문장을 따라 써 보세요

 문장을 따라 써 보세요.

대화할 때에는 표정, 목

소리, 행동이 대화 상황

에 어울리도록 반응하는

것이 중요해요.

공감하며 격려해 줘요.

 낱말을 따라 써 보세요.

물 통

머 리 맡

서 랍

 낱말을 따라 써 보세요.

말 차 례

말 투

맞 장 구

2 문장을 따라 써 보세요

 칭찬하는 말을 떠올리며 따라 써 보세요.

노력하는 네가 대단해.

목소리가 참 예쁘구나.

칭찬해 주니까 뿌듯해.

네 덕분에 알게 됐어.

2 낱말을 따라 써 보세요

 낱말을 따라 써 보세요.

줄	넘	기

약	속

책	꽂	이

 낱말을 따라 써 보세요.

몸	짓

무	거	운

무	조	건

 낱말을 따라 써 보세요.

예쁜말 예절 전학

조언 존중 짓다 짖다

촐랑대는 헤아려서

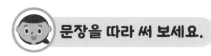 **문장을 따라 써 보세요.**

오후에　뭐　하고　놀지?

말을　귀담아들어야　해요.

입을　크게　벌리고　짖는

개를　보고　놀랐어요.

 맞게 쓴 문장에 ○표, 틀리게 쓴 문장에 X표를 해 보세요.

- 신발 **바닥**에 껌이 달라붙었다. ☐
- 신발 **바닦**에 껌이 달라붙었다. ☐

- 도서실에 자리를 **맡다**. ☐
- 도시실에 자리를 **맏다**. ☐

- 연필을 **연필꽂이**에 가지런히 꽂았다. ☐
- 연필을 **연필꽂이**에 가지런히 꽂았다. ☐

- 여름에는 음식이 **썩지** 않도록 냉장고에 넣어두어야 한다. ☐
- 여름에는 음식이 **썪지** 않도록 냉장고에 넣어두어야 한다. ☐

정답은 p103

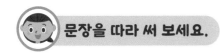 문장을 따라 써 보세요.

햇볕이 세상을 찜통에

넣고 푹푹 삶는 것 같

아요. 우리도 흐물흐물

녹을 것 같아요.

3 문장을 따라 써 보세요

<빗자루>에 나오는 문장을 따라 써 보세요.

줄기에 묻은 나락이나

묶음을 쓰임새에 따라

쉽싸리나 댑싸리를 길러

서 소금물에 삶는데,

 윷놀이와 관련된 낱말을 따라 써 보세요.

도   개   걸   윷   모

돼지   개   소   양   말

 옷차림을 생각하며 낱말을 따라 써 보세요.

| 수 | 영 | 장 |

| 수 | 영 | 복 |

| 운 | 동 | 장 |

| 운 | 동 | 복 |

| 요 | 리 | 사 |

| 앞 | 치 | 마 |

 <진심으로 사과하는 법을 알아 둬>에 나오는 문장을 따라 써 보세요.

마음속으로만 잘못했다고

생각하면 상대는 알 수

가 없잖아. 뉘우치고 있

다는 것을 알려 주어야

〈빗자루〉에 나오는 낱말을 따라 써 보세요.

빗 자 루   갈 대   수 수

싸 리 비   장 목 비   갈 목 비

대 장 비   솔 비   꽃 비

 낱말을 따라 써 보세요.

반 달 가 슴 곰

발 바 닥

 낱말을 따라 써 보세요.

안 짱 걸 음

발 자 국

발 톱

 <사랑이 뭘까?>에 나오는 문장을 따라 써 보세요.

땀　냄새가　풍겨　오는

품속, 따뜻한　밥　한　그

릇, 기꺼이　내어　주는

등, 이웃을　돕는　손길

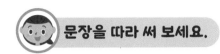 문장을 따라 써 보세요.

더울 때에는 두께가 얇

고 소매가 짧은 옷을

서로 뜻을 주고받는

너랑 마음이 딱 맞네.

 왼쪽 그림에 알맞는 반쪽을 찾아 연결해 보세요.

정답은 p103

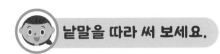

낱말을 따라 써 보세요.

먹 음 직 스 러 워   주 린   배

벌 름 거 리 며   감 탄

부 릅 뜨 고   짚 어 지 고

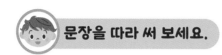
문장을 따라 써 보세요.

여러분, 안녕하세요?

씨앗이 참 작구나!

"이리 가까이 오시오.

값을 줄 테니…."

 <떡 먹기 내기>에 나오는 낱말을 따라 써 보세요.

절	구

떡	시	루

군	침

 낱말을 따라 써 보세요.

장	터

천	둥

우	레

밑	동

 편지에 관한 낱말을 따라 써 보세요.

받는 사람 첫인사

전하고 싶은 말

끝인사 쓴 날짜

쓴 사람 편지

뜻이 비슷한 낱말을 따라 써 보세요.

뛰다 달리다

멈추다 서다

만나다 마주치다

굽히다 구부리다

〈냄새 맡은 값〉에 나오는 문장을 따라 써 보세요.

"아, 국밥 냄새를 맡았

으면 값을 치르고 가야

지." 최 서방은 정말

어처구니가 없었어요.

"엽전 소리는 공짜인

줄 아시오?" 구두쇠

영감은 더는 아무 말도

못 하고 얼굴이 빨개졌

어요.

4 문장을 따라 써 보세요

 <떡 먹기 내기>에 나오는 문장을 따라 써 보세요.

아무것도 안 했잖아.

너무 얄미웠던 거야.

산꼭대기에서 힘껏

떼구루루 굴러갔어.

걸려 있는 게 아니겠어?

등에 짊어지고 내려왔어.

들러붙어 있게 되었지.

울퉁불퉁하게 된 거래.

〈떡 먹기 내기〉에 나오는 문장을 따라 써 보세요.

입을 삐죽이며

고개를 끄덕였어.

"내기 다시 하자!"

저절로 웃음이 났어.

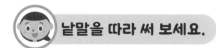 낱말을 따라 써 보세요.

느	릿	느	릿

자	신	만	만

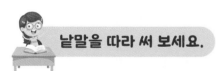 낱말을 따라 써 보세요.

당	황

창	피

겁	주	듯	이

놀이터

 친해지고 싶은 친구에게 편지를 써 보세요.

받는 사람

첫인사

전하고 싶은 말

끝인사

쓴 날짜

쓴 사람

 〈희망을 만든 우편집배원〉에 나오는 낱말을 따라 써 보세요.

우 편 물   설 레 는   마 음

뿌 연   모 래   먼 지

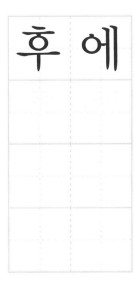

한 참   후 에   무 릎 을   치 며

5 낱말을 따라 써 보세요

 단원과 관련있는 낱말을 따라 써 보세요.

 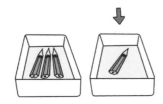  

작 다	적 다	낳 다	낫 다

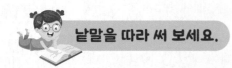 낱말을 따라 써 보세요.

다 르 다	틀 리 다

글자의 모양이 비슷한 낱말을 따라 써 보세요.

| 같 다 | 갔 다 | 잊 다 | 잃 다 |

| 서로 다르지 않고 하나이다. | 자리를 옮겨 움직이다. | 알았던 것을 기억하지 못하거나 기억해 내지 못하다. | 가졌던 물건이 자신도 모르게 없어지다. |

 낱말을 따라 써 보세요.

가 리 키 다　　가 르 치 다

단원과 관련있는 시간을 나타내는 낱말을 따라 써 보세요.

오 전 오 후 아 침 저 녁

작 년 올 해 내 년 오 늘 내 일

하 루 이 틀 사 흘 나 흘

낱말을 따라 써 보세요.

가	로	수

묘	목

휘	파	람

 낱말을 따라 써 보세요.

산	비	탈	꽃	잔	치	만	발

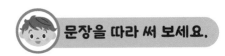 문장을 따라 써 보세요.

제 꾀에 빠진 당나귀

무거운 짐을 싣고

힘들게 걸어갔어요.

뭐 좋은 수가 없을까?

<희망을 만든 우편집배원>에 나오는 문장을 따라 써 보세요.

하 루 도 빠 짐 없 이 계 속

씨 앗 을 뿌 렸 습 니 다 . 먼

훗 날 을 기 약 하 며 싱 글 벙

글 마 을 로 향 했 습 니 다 .

 <팥죽 할머니와 호랑이>에 나오는 문장을 따라 써 보세요.

명석은 마당 한쪽에 제

몸을 쭉 펼쳤어요. 밤톨

은 부엌 아궁이 속으로

쏙 들어갔어요.

 낱말을 따라 써 보세요.

가 마 솥

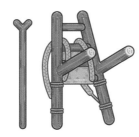

지 게

사 립 문

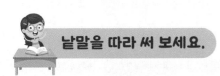 낱말을 따라 써 보세요.

동 짓 날

팥 죽

화 가

벽 화

<그리는 대로>에 나오는 문장을 따라 써 보세요.

해가 지평선 가까이로

지고 있었어요. 온갖 색

깔이 소용돌이치는 하늘

을 둥둥 떠다녔어요.

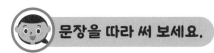 문장을 따라 써 보세요.

아름다운 자태를 뽐내며

꽃들은 더욱 만발했고

코를 갖다 대었습니다.

"으음, 향기도 정말 좋

군."

 그림을 보고 알맞은 낱말을 골라 문장을 완성해 보세요.

덮다   덥다   젓다   젖다

 올 여름은 작년 여름보다 _____

 침대에서 이불을 _____

 갑자기 비가 와서 옷이 _____

 강아지와 함께 노를 _____

6 낱말을 따라 써 보세요

 낱말을 따라 써 보세요.

공익 광고 이익 목적

매체 영상 영화 실감

누리집 게시물 공간

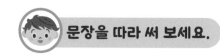 문장을 따라 써 보세요.

썩지 않는 쓰레기들이

토양을 오염시키고 있다.

꿈 때문에 뒤숭숭한

오염물이 터지기 전에

6 낱말을 따라 써 보세요

 단원과 관련있는 매체의 종류에 관한 낱말을 따라 써 보세요.

신	문

잡	지

텔	레	비	전

 낱말을 따라 써 보세요.

웹	툰

애	니	메	이	션

 문장을 따라 써 보세요.

저 풀 이름이 뭐예요?

땅에 묻혀 있는 모습이

물을 계속 튼 채로

물 오염과 낭비를 막는

문장을 따라 써 보세요.

친숙한 주제를

활용하는 매체를 떠올려

연결지어 표현하기

보고 듣고 느낀 경험을

6 낱말을 따라 써 보세요

 어린이박물관 누리집에서 알 수 있는 내용을 따라 써 보세요.

국립중앙박물관 관람 시간

관람료 소개 어린이박물관

교육 전시 자료 예약

낱말을 따라 써 보세요.

한	라	산

등	산	로

돌	하	르	방

 낱말을 따라 써 보세요.

혼	저	옵	서	예

백	록	담

정	상

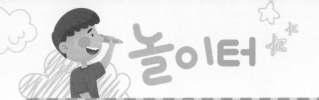

농부가 정원에서 채소를 몇 개나 수확했는지 세어서 적어 보세요.

정답은 p103

 낱말을 따라 써 보세요.

반려견 야외 산책

공포 위협적 공지 사항

방해 피해 책임

<아침에 운동장을 달려요>에 나오는 문장을 따라 써 보세요.

아침에 운동장을 달리면

기분이 좋아져요. 시원한

공기가 가득해요. 스트레

스를 사라지게 해 줘요.

7 낱말을 따라 써 보세요

 낱말을 따라 써 보세요.

돌고래

다육식물

대나무

냉이

상추

텃밭

문장을 따라 써 보세요.

꼭 지켜야 하는 에티켓

배설물 밟을 수도 있다.

반려견이 짖게 되면

위협적인 행동이 될 수

<왜 책임이 필요하죠?>에 나오는 문장을 따라 써 보세요.

식물도 생명이에요.

심고서 돌보지 않으면

책임지고 보살필 누군가

너도나도 손을 들고

7 낱말을 따라 써 보세요

소리에 어울리는 낱말을 떠올리며 따라 써 보세요.

개 굴 개 굴 →  = 개 구 리

짹 짹 → 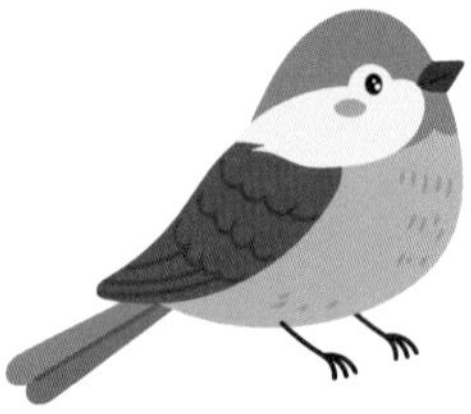 = 참 새

스 스 스 → 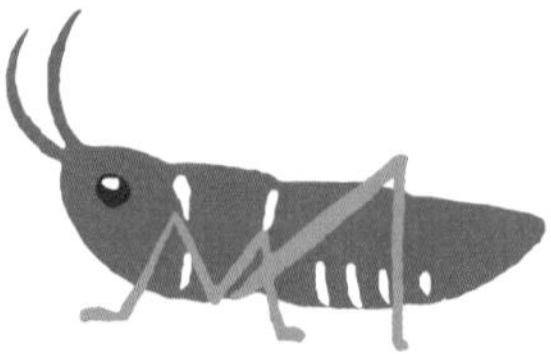 = 풀 벌 레

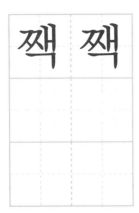

째깍째깍

시계

새근새근

아가

보글보글

찌개

<시끌시끌 소음 공해 이제 그만!>에 나오는 문장을 따라 써 보세요.

도시가 복잡해지면 소리

도 더 많아지고 더 커

져. 같은 소리라도 시간

과 장소가 달라지면 소

음이 되기도 해. 작아도

괴롭게 느껴지는 소리가

있다면 그게 소음이야.

함께 노력한다면 소음

공해를 줄일 수 있어.

 문장을 따라 써 보세요.

뒤뜰을 어떻게 꾸밀지

식물을 키우면 좋겠어.

닭이 되면 알을 낳겠네?

저기 대나무 숲이 있어!

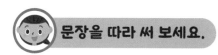 문장을 따라 써 보세요.

축구하는 건 어때?

오늘은 날이 참 맑네.

바람도 솔솔 불고.

그래도 늦으면 안 되니

 다른 부분 10곳을 찾아 ○표 해 보세요.

 낱말의 뜻을 생각하며 따라 써 보세요.

복작복작	도란도란

너덜너덜	씰룩씰룩

살금살금	살랑살랑

 낱말을 따라 써 보세요.

오	두	막

함	박	눈

낚	시	꾼

 **낱말을 따라 써 보세요.**

드	론

과	학	실

체	육	관

토박이 말을 따라 써 보세요.

미 리 내　　너 울　　갈 무 리

 단원과 관련있는 낱말을 따라 써 보세요.

미 주 알 고 주 알　으 뜸

 〈눈 내린 등굣길〉에 나오는 문장을 따라 써 보세요.

쌓인 눈을 밟을 때

오리 우는 소리가 난다

꽥! 꽥! 뒤따라오는

뚱뚱하게 옷 껴입고

궁둥이 흔들며 걷는

〈빈 집에 온 손님〉에 나오는 문장을 따라 써 보세요.

낯선 손님에게는 함부로

문을 열어 줘도 안 돼

요. 난롯가에서 몸을 말

리고 있었습니다.

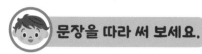 문장을 따라 써 보세요.

커다래진 눈을 보고

여전히 칭얼거렸습니다.

풍뎅이를 따라다니던

흠뻑 젖은 채 빈집에

커다랗게 쾅 찍혀

 낱말을 따라 써 보세요.

담 요

울 상

문 틈

 낱말을 따라 써 보세요.

태 풍　허 리 케 인　사 이 클 론

 낱말을 따라 써 보세요.

택 배	상 자	사 인

북 소 리	형 광 색	경 비

제 품	설 명 서	개 발	승 인

단원과 관련있는 토박이말의 뜻을 익히고 따라 써 보세요.

가 시 버 시

각시, 신랑을
이르는 말

길 라 잡 이

길을 인도해 주는
사람이나 사물

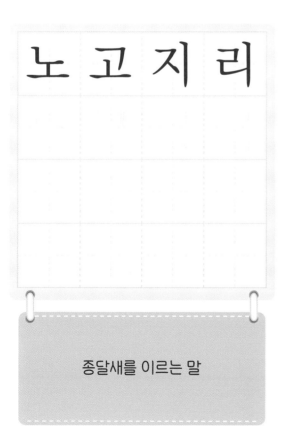

노 고 지 리

종달새를 이르는 말

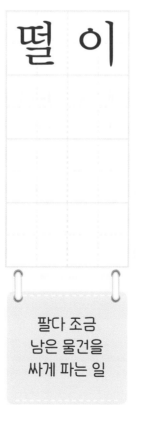

떨 이

팔다 조금
남은 물건을
싸게 파는 일

꼼 수

쩨쩨한
수단이나 방법

 〈잠꼬대〉에 나오는 문장을 따라 써 보세요.

잠 꼬 대 하 나   봐 요

두   눈   감 고   낑 낑

퍼 뜩   몸 을   떨 다 가

깨 울 까 ?   아 니 야

<밤에도 놀면 안 돼?>에 나오는 문장을 따라 써 보세요.

신나게 놀 순 없을까?

곰곰이 생각했어요.

달이 유난히도 밝았어요.

두 손을 모았어요.

놀라운 일이 벌어졌어요!

 같은 것을 찾아 연결해 보세요.

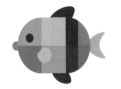

정답은 p103

정답

p36

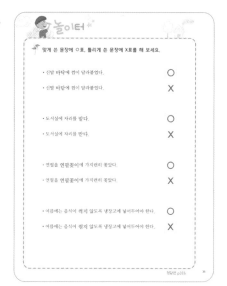

p46

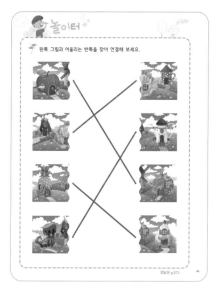

p78

p90

p102

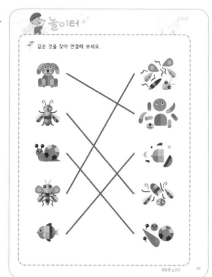

기획 콘텐츠연구소 수(秀)

우리 아이들이 말과 글을 어떻게 하면 재미있게 익힐 수 있을까, 잘 읽고 잘 쓰고 잘 이해할 수 있을까? 전·현직 교사, 학부모, 에디터 등 각 분야의 전문가들이 머리를 맞대고 아이들의 어휘력 향상, 문해력 향상을 위해 함께 고민하며 학습 교재를 만드는 연구집단입니다.

국어 교과서 따라쓰기 2-2

ISBN 979-11-92878-32-4 63700 ‖ **초판 1쇄 펴낸날** 2024년 10월 31일

펴낸이 정혜옥 ‖ **표지디자인** twoesdesign.com ‖ **내지디자인** 이지숙

홍보 마케팅 최문섭 ‖ **편집** 연유나, 이은정 ‖ **편집지원** 소노을 ‖ **일러스트** 정지원 외

펴낸곳 스쿨존에듀 ‖ **출판등록** 2021년 3월 4일 제 2021-000013호

주소 04779 서울시 성동구 뚝섬로 1나길 5(헤이그라운드) 7층

전화 02)929-8153 ‖ **팩스** 02)929-8164 ‖ **E-mail** goodinfobooks@naver.com

블로그 blog.naver.com/schoolzoneok

스마트스토어 smartstore.naver.com/goodinfobooks

■ 스쿨존에듀(스쿨존)는 굿인포메이션의 자회사입니다. ■ 잘못된 책은 본사나 구입하신 서점에서 바꾸어 드립니다.

도서출판 스쿨존에듀(스쿨존)는 교사, 학부모님들의 소중한 의견을 기다립니다. 책 출간에 대한 기획이나 원고가 있으신 분은 이메일 goodinfobooks@naver.com으로 보내주세요.